Impressum
Verlag: BABADADA GmbH, Nedderfeld 112 , 22529 Hamburg
Geschäftsführer / Verlagsleitung: Harald Hof
Druck: Books on Demand GmbH, In de Tarpen 42, 22848 Norderstedt

Imprint
Publisher: BABADADA GmbH, Nedderfeld 112 , 22529 Hamburg, Germany
Managing Director / Publishing direction: Harald Hof
Print: Books on Demand GmbH, In de Tarpen 42, 22848 Norderstedt

l'école
kool

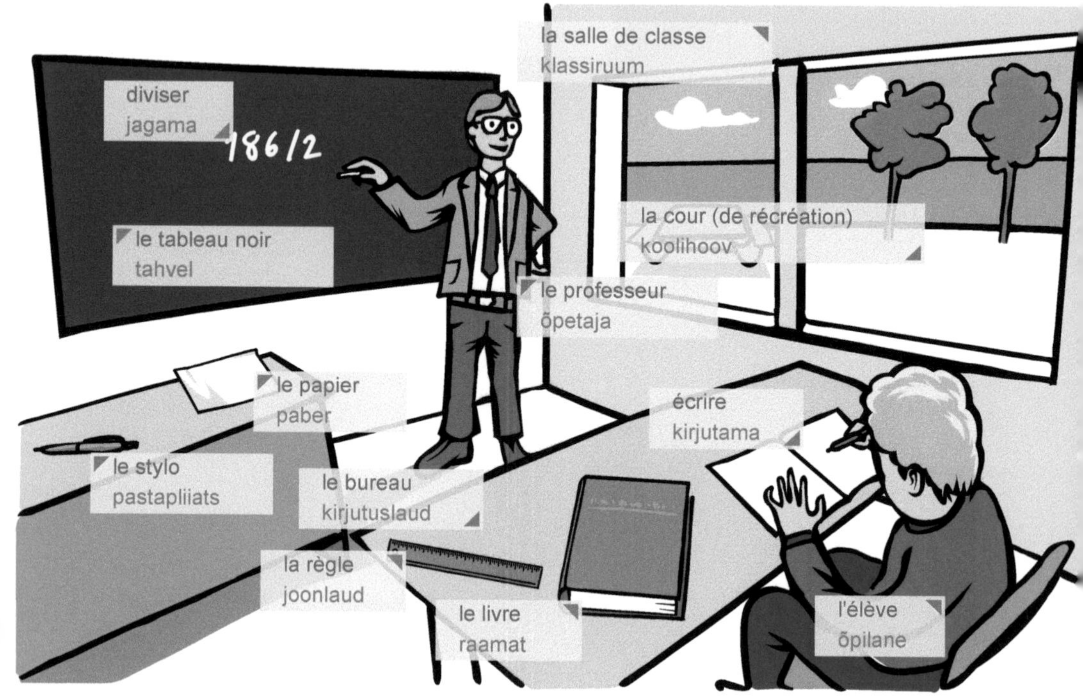
la salle de classe
klassiruum
diviser
jagama
186/2
le tableau noir
tahvel
la cour (de récréation)
koolihoov
le professeur
õpetaja
le papier
paber
écrire
kirjutama
le stylo
pastapliiats
le bureau
kirjutuslaud
la règle
joonlaud
le livre
raamat
l'élève
õpilane

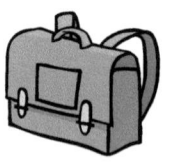

le cartable
koolikott

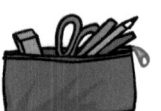

la trousse
pinal

le crayon
harilik pliiats

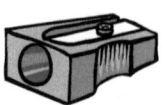

le taille-crayon
pliiatsiteritaja

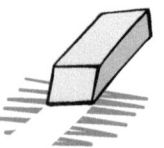

la gomme
kustukumm

le carnet à dessin
joonistusplokk

le dessin

joonistus

le pinceau

pintsel

la boîte de peinture

värvikarp

les ciseaux

käärid

la colle

liim

le cahier d'exercices

töövihik

les devoirs

kodutöö

le chiffre

number

additionner

liitma

soustraire

lahutama

multiplier

korrutama

calculer

arvutama

la lettre

täht

l'alphabet

tähestik

le mot

sõna

le texte

tekst

lire

lugema

la craie

kriit

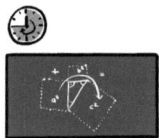

la leçon

koolitund

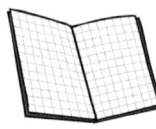

le livre de classe

klassipäevik

l'examen

eksam

le certificat

tunnistus

l'uniforme scolaire

koolivorm

la formation

haridus

le lexique

entsüklopeedia

l'université

ülikool

le microscope

mikroskoop

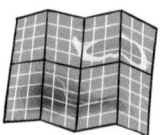

la carte

kaart

la corbeille à papier

paberikorv

le voyage
reisimine

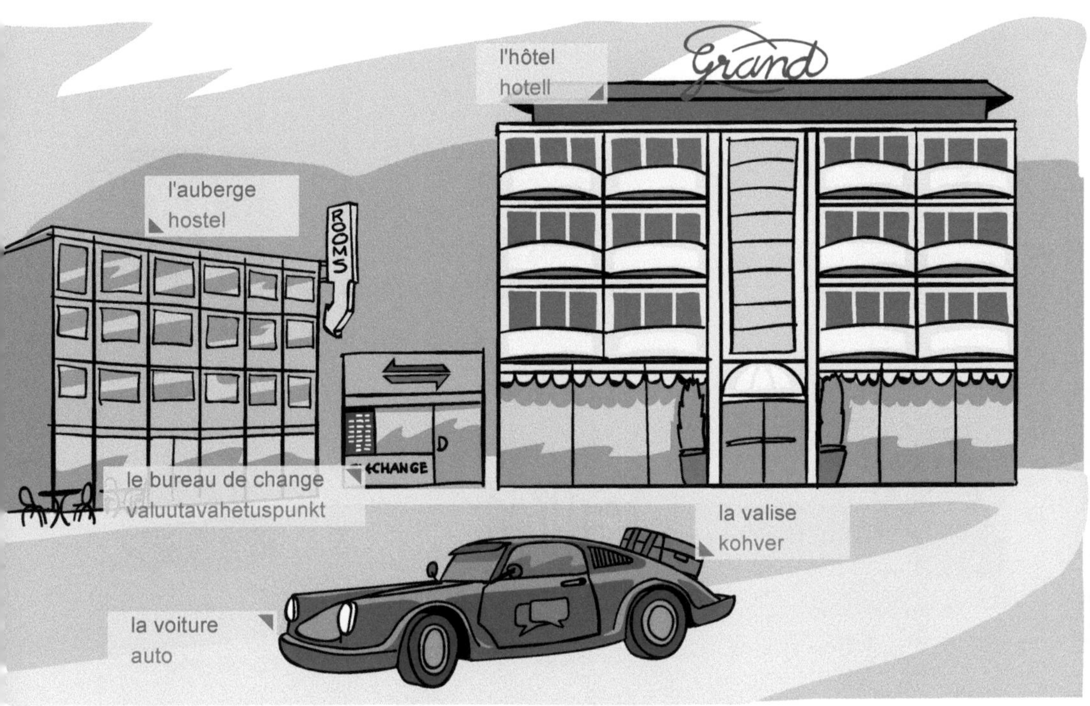
l'hôtel
hotell
Grand
l'auberge
hostel
ROOMS
le bureau de change
valuutavahetuspunkt
la valise
kohver
la voiture
auto

la langue

keel

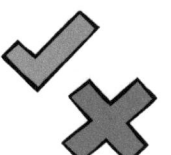

oui / non

jah / ei

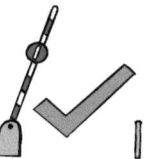

d'accord

okei

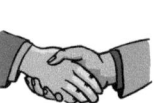

Salut

Tere!

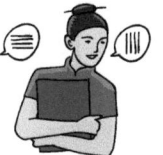

l'interprète

tõlk

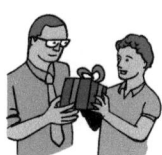

merci

Aitäh!

Combien coûte...?

Kui palju maksab ...?

Je ne comprends pas

Ma ei saa aru

le problème

probleem

Bonsoir !

Tere õhtust!

Bonjour !

Tere hommikust!

Bonne nuit !

Head ööd!

Au revoir

Head aega!

la direction

suund

les bagages

pagas

le sac

kott

le sac-à-dos

seljakott

l'hôte

külaline

la pièce

tuba

le sac de couchage

magamiskott

la tente

telk

l'office de tourisme

turismiinfo

la plage

rand

la carte de crédit

krediitkaart

le petit-déjeuner

hommikusöök

le déjeuner

lõunasöök

le dîner

õhtusöök

le billet

pilet

l'ascenseur

lift

le timbre

postmark

la frontière

riigipiir

la douane

toll

l'ambassade

saatkond

le visa

viisa

le passeport

pass

le transport

transport

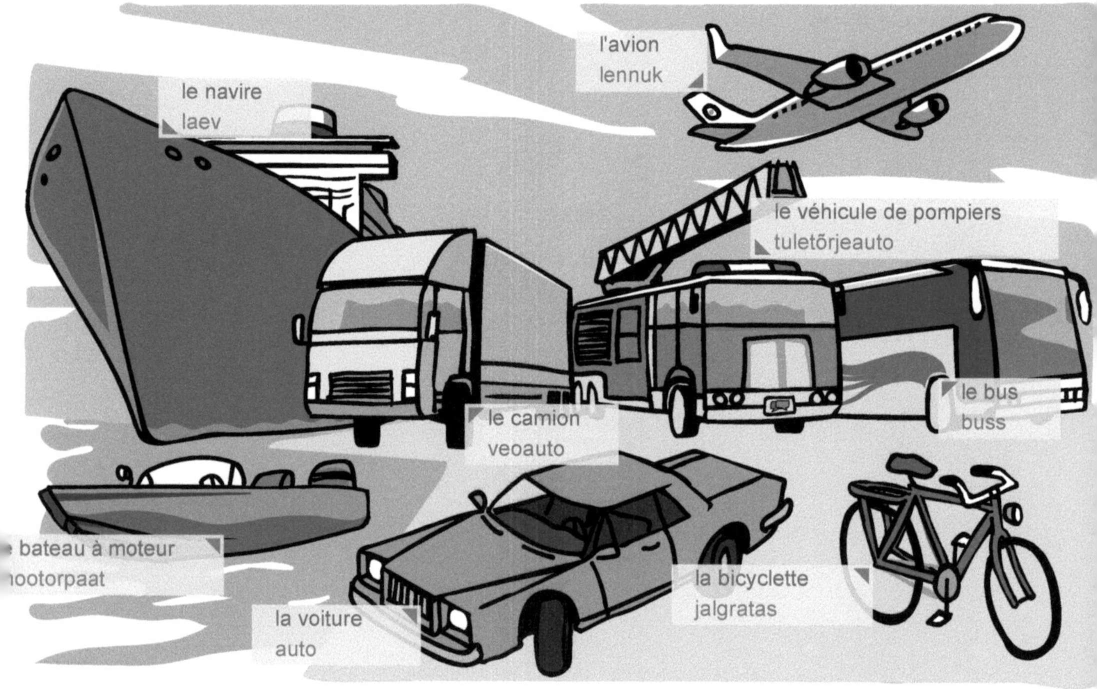

l'avion
lennuk
le navire
laev
le véhicule de pompiers
tuletõrjeauto
le bus
buss
le camion
veoauto
bateau à moteur
ootorpaat
la bicyclette
jalgratas
la voiture
auto

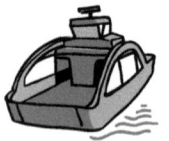

le ferry

praam

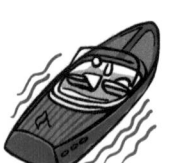

la barque

paat

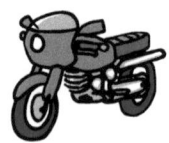

la moto

mootorratas

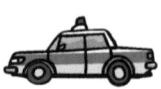

la voiture de police

politseiauto

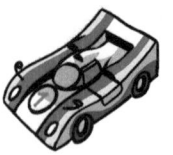

la voiture de course

võidusõiduauto

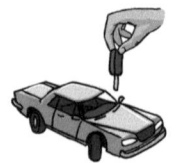

la voiture de location

rendiauto

l'auto-partage

ühisauto

la voiture de remorquage

puksiirauto

la benne à ordures

prügiauto

le moteur

mootor

l'essence

kütus

la station d'essence

tankla

le panneau indicateur

liiklusmärk

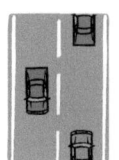

le trafic

liiklus

l'embouteillage

liiklusummik

le parking

parkla

la gare

raudteejaam

les rails

rööpad

le train

rong

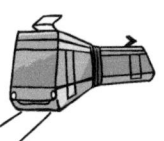

le tramway

tramm

le wagon

vagun

l'hélicoptère

helikopter

l'aéroport

lennujaam

la tour

torn

le passager

reisija

le conteneur

konteiner

le carton

pappkast

le chariot

käru

la corbeille

korv

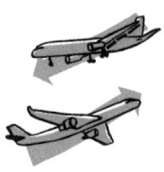

décoller / atterrir

õhku tõusma / maanduma

la ville

linn

le village

küla

le centre-ville

kesklinn

la maison

maja

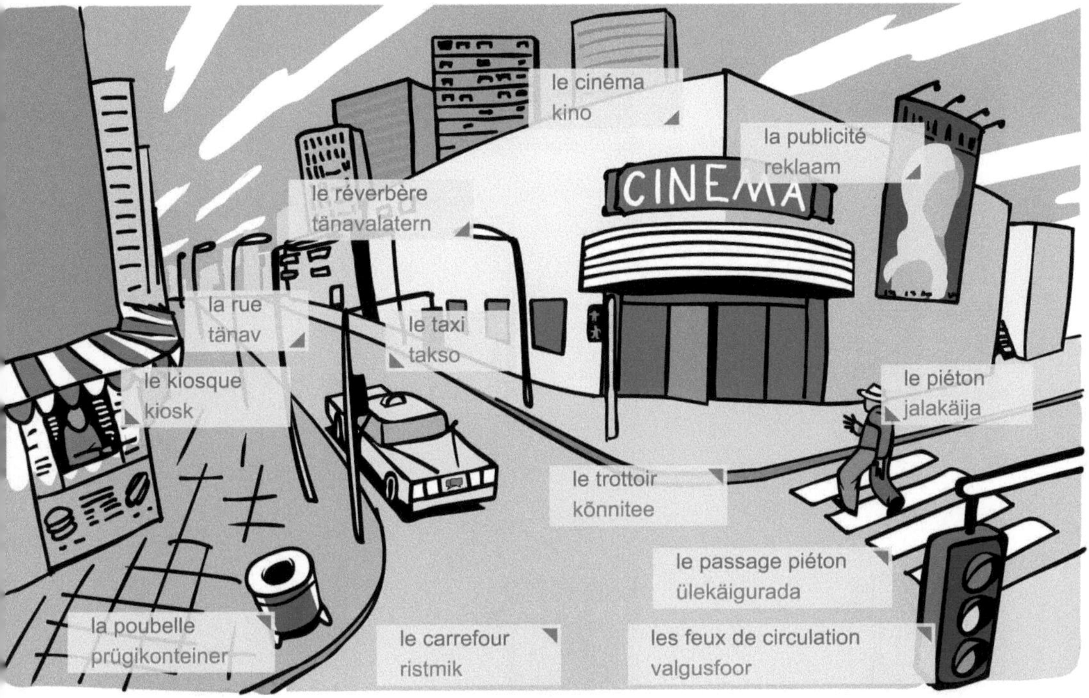

le cinéma
kino

la publicité
reklaam

le réverbère
tänavalatern

la rue
tänav

le taxi
takso

le kiosque
kiosk

le piéton
jalakäija

le trottoir
kõnnitee

le passage piéton
ülekäigurada

la poubelle
prügikonteiner

le carrefour
ristmik

les feux de circulation
valgusfoor

la cabane
osmik

l'appartement
kortermaja

la gare
raudteejaam

la mairie
raekoda

le musée
muuseum

l'école
kool

la ville - linn

l'université

ülikool

la banque

pank

l'hôpital

haigla

l'hôtel

hotell

la pharmacie

apteek

le bureau

kontor

la librairie

raamatupood

le magasin

kauplus

le fleuriste

lillepood

le supermarché

supermarket

le marché

turg

le grand magasin

kaubamaja

la poissonnerie

kalapood

le centre commercial

kaubanduskeskus

le port

sadam

le parc

park

la banque

pink

le pont

sild

les escaliers

trepp

le métro

metroo

le tunnel

tunnel

l'arrêt de bus

bussipeatus

le bar

baar

le restaurant

restoran

la boîte à lettres

postkast

le panneau indicateur

tänavasilt

le parcmètre

parkimisautomaat

le zoo

loomaaed

le réverbère

ujula

la mosquée

mošee

la ferme
talu

la pollution
reostus

la cimetière
surnuaed

l'église
kirik

l'aire de jeux
mänguväljak

le temple
tempel

le paysage
maastik

la feuille
leht

le panneau indicateur
teeviit

le chemin
tee

le pré
aas

la pierre
kivi

le randonneur
matkaja

l'arbre
puu

la rivière
jõgi

l'herbe
rohi

la fleur
lill

la vallée
org

la montagne
mägi

le lac
järv

la forêt
mets

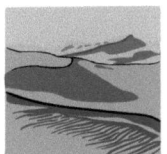

le désert
kõrb

le volcan
vulkaan

le château
linnus

l'arc-en-ciel
vikerkaar

le champignon
seen

le palmier
palm

le moustique
sääsk

la mouche
kärbes

les fourmis
sipelgas

l'abeille
mesilane

l'araignée
ämblik

le paysage - maastik

le coléoptère

mardikas

la grenouille

konn

l'écureuil

orav

le hérisson

siil

le lièvre

jänes

la chouette

öökull

l'oiseau

lind

le cygne

luik

le sanglier

metssiga

le cerf

hirv

l'élan

põder

le barrage

pais

l'éolienne

tuuleturbiin

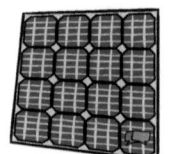

le panneau solaire

päikesepaneel

le climat

kliima

le restaurant
restoran

le serveur
kelner
le menu
menüü
la chaise
tool
la soupe
supp
la pizza
pitsa
les couverts
söögiriistad
la nappe
laudlina

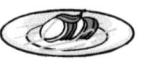

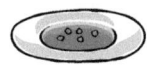

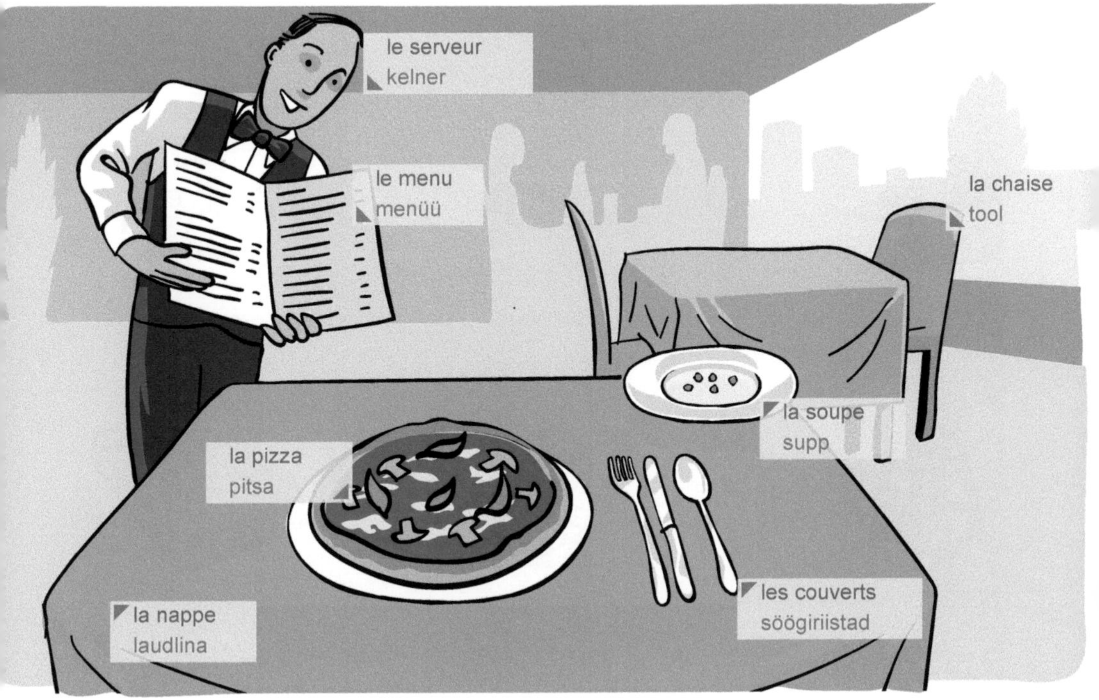

les hors d'œuvre
eelroog

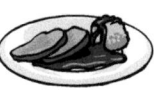

le plat principal
pearoog

le dessert
magustoit

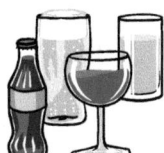

les boissons
joogid

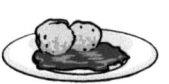

l'alimentation
toit

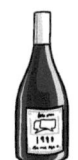

la bouteille
pudel

le fast-food
kiirtoit

les plats à emporter
tänavatoit

la théière
teekann

le sucrier
suhkrutoos

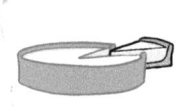

la portion
portsjon

la machine à expresso
espressomasin

la chaise haute
lastetool

la facture
arve

le plateau
kandik

le couteau
nuga

la fourchette
kahvel

la cuillère
lusikas

la cuillère à thé
teelusikas

la serviette
salvrätik

le verre
klaas

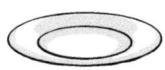

l'assiette
taldrik

l'assiette à soupe
supitaldrik

la soucoupe
alustass

la sauce
kaste

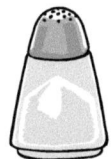

la salière
soolatoos

le moulin à poivre
pipraveski

le vinaigre
äädikas

l'huile
õli

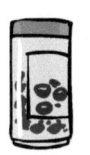

les épices
vürtsid

le ketchup
ketšup

la moutarde
sinep

la mayonnaise
majonees

le supermarché
supermarket

l'offre promotionnelle
eripakkumine
FOR
le client
klient
les produits laitiers
piimatooted
les fruits
puuviljad
le chariot
ostukäru

BUTCHERS

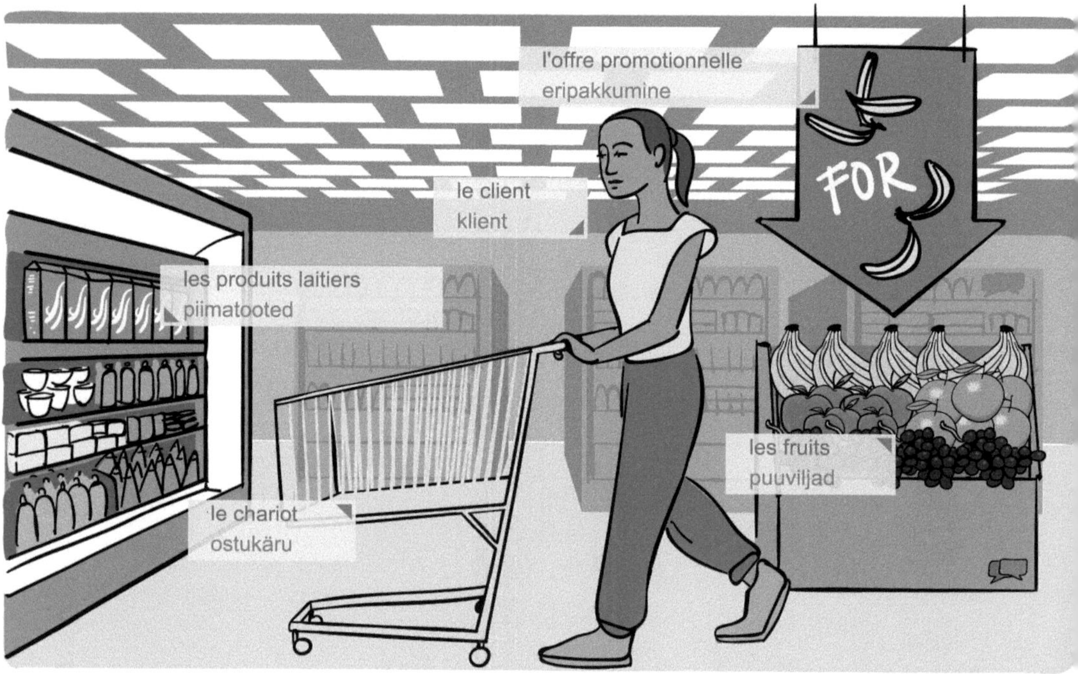

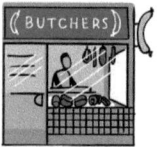

la boucherie

lihapood

BAKERY

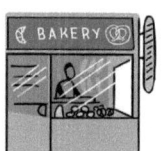

la boulangerie

pagariäri

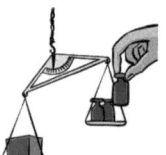

peser

kaaluma

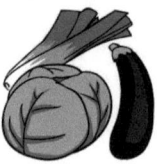

les légumes

köögiviljad

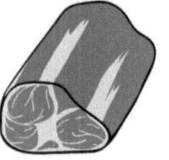

la viande

liha

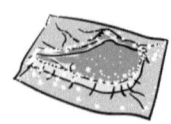

les aliments surgelés

külmutatud toit

la charcuterie

lihalõigud

les conserves

konservid

la poudre à lessive

pesupulber

les bonbons

maiustused

les articles ménagers

majatarbed

les détergents

puhastustooted

la vendeuse

müüja

la caisse

kassaaparaat

le caissier

kassapidaja

la liste d'achats

ostunimekiri

les heures d'ouverture

lahtiolekuajad

le portefeuille

rahakott

la carte de crédit

krediitkaart

le sac

kott

le sac en plastique

kilekott

l'eau

vesi

le jus de fruit

mahl

le lait

piim

le coca

koola

le vin

vein

la bière

õlu

l'alcool

alkohol

le chocolat chaud

kakao

le thé

tee

le café

kohv

l'expresso

espresso

le cappuccino

cappuccino

la banane

banaan

la pomme

õun

l'orange

apelsin

le melon

arbuus

le citron.

sidrun

la carotte

porgand

l'ail

küüslauk

le bambou

bambus

l'oignon

sibul

le champignon

seen

les noisettes

pähklid

les pâtes

nuudlid

les spaghetti

spagetid

le riz

riis

la salade

salat

les pommes frites

friikartulid

les pommes de terre rôties

praekartulid

la pizza

pitsa

le hamburger

hamburger

le sandwich

võileib

l'escalope

šnitsel

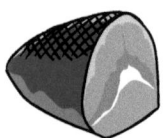

le jambon

sink

le salami

salaami

la saucisse

vorst

le poulet

kana

le rôti

praeliha

le poisson

kala

l'alimentation - toit

les flocons d'avoine

kaerahelbed

le muesli

müsli

les cornflakes

maisihelbed

la farine

jahu

le croissant

sarvesai

les petits-pains

kukkel

le pain

leib

le pain grillé

röstsai

les biscuits

küpsised

le beurre

või

le fromage blanc

kohupiim

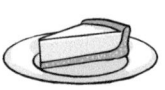

le gâteau

kook

l'œuf

muna

l'œuf au plat

praemuna

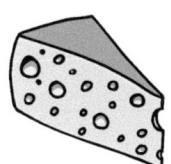

le fromage

juust

la glace

jäätis

le sucre

suhkur

le miel

mesi

la confiture

moos

la crème nougat

pähklivõie

le curry

karri

la ferme
talu

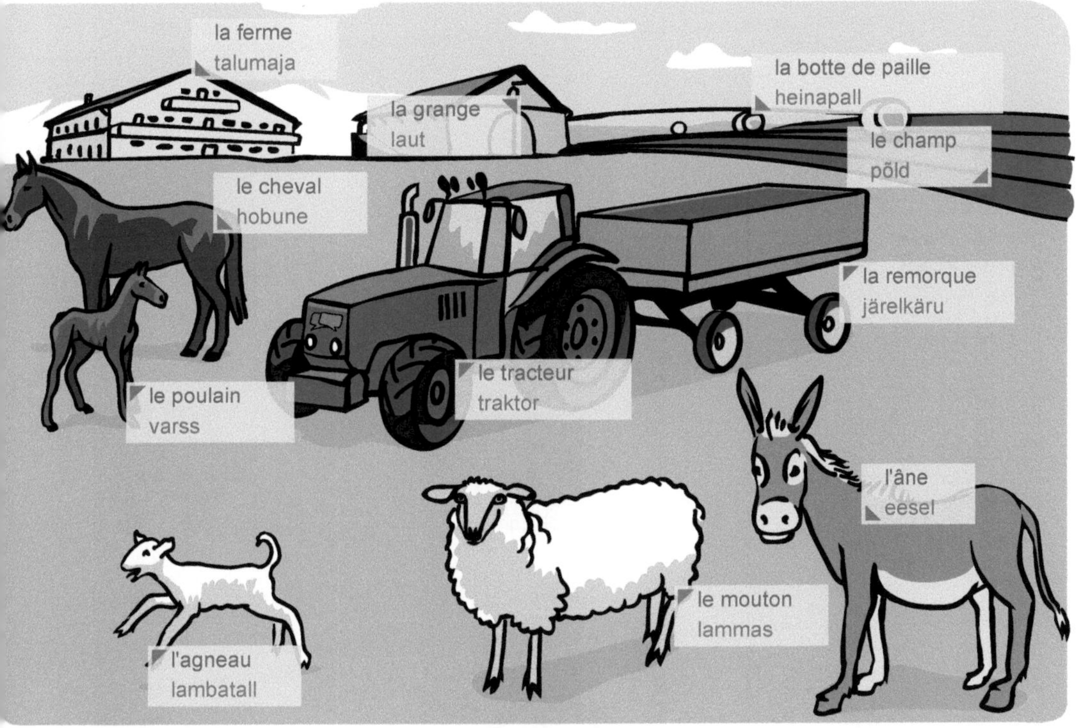

la ferme
talumaja
la grange
laut
la botte de paille
heinapall
le champ
põld
le cheval
hobune
la remorque
järelkäru
le tracteur
traktor
le poulain
varss
l'âne
eesel
le mouton
lammas
l'agneau
lambatall

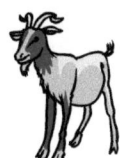

la chèvre

kits

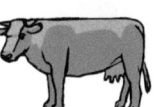

la vache

lehm

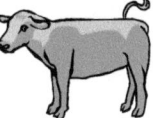

le veau

vasikas

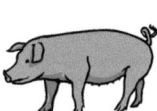

le porc

siga

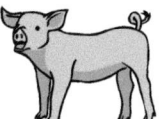

le porcelet

põrsas

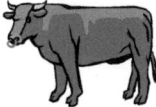

le taureau

pull

l'oie

hani

le canard

part

le poussin

tibu

la poule

kana

le coq

kukk

le rat

rott

le chat

kass

la souris

hiir

le bœuf

härg

le chien

koer

le chenil

koerakuut

le tuyau de jardin

aiavoolik

l'arrosoir

kastekann

la faucheuse

vikat

la charrue

ader

la faucille

sirp

la pioche

kõblas

la fourche

hang

la hache

kirves

la brouette

käru

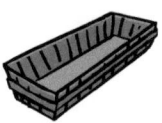

la cuve

küna

le pot à lait

piimanõu

le sac

kott

la clôture

tara

l'étable

tall

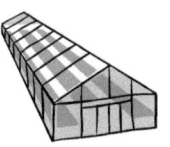

le serre

kasvuhoone

le sol

muld

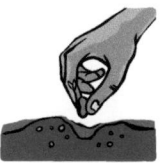

les semences

seeme

l'engrais

väetis

la moissonneuse-batteuse

kombain

récolter

saaki koristama

la récolte

saagikoristus

l'igname

jamss

le blé

nisu

le soja

soja

la pomme de terre

kartul

le maïs

mais

le colza

raps

l'arbre fruitier

viljapuu

le manioc

maniokk

les céréales

teravili

la maison
maja

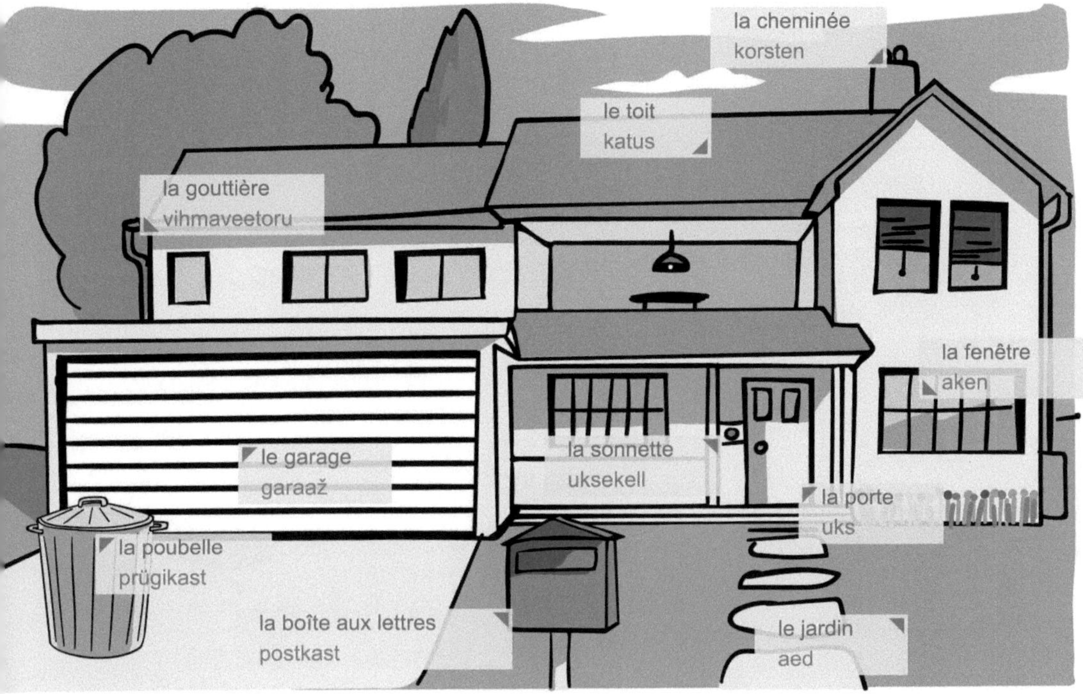

la cheminée
korsten
le toit
katus
la gouttière
vihmaveetoru
la fenêtre
aken
la sonnette
uksekell
le garage
garaaž
la porte
uks
la poubelle
prügikast
la boîte aux lettres
postkast
le jardin
aed

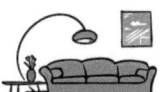

le salon

elutuba

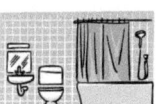

la salle de bain

vannituba

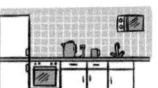

la cuisine

köök

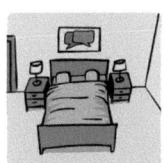

la chambre à coucher

magamistuba

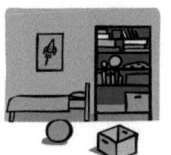

la chambre d'enfant

lastetuba

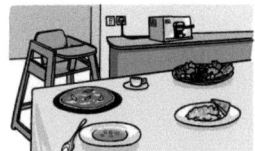

la salle à manger

söögituba

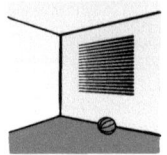

le sol
põrand

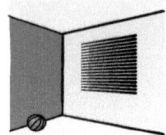

le mur
sein

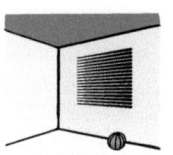

le plafond
lagi

la cave
kelder

le sauna
saun

le balcon
rõdu

la terrasse
terrass

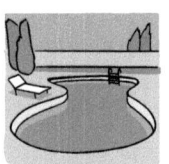

la piscine
bassein

la tondeuse à gazon
muruniiduk

la housse
voodilina

la couette
päevatekk

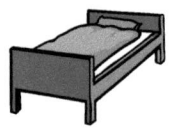

le lit
voodi

le balai
luud

le sceau
ämber

l'interrupteur
lüliti

le salon
elutuba

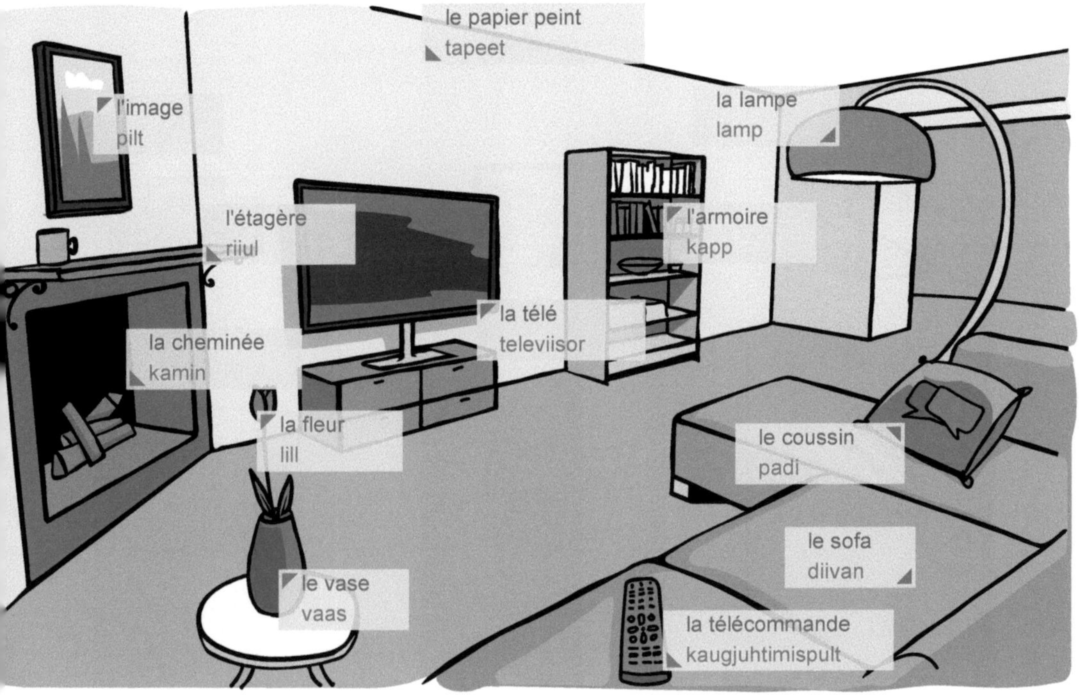

le papier peint
tapeet
l'image
pilt
la lampe
lamp
l'étagère
riiul
l'armoire
kapp
la télé
televiisor
la cheminée
kamin
la fleur
lill
le coussin
padi
le sofa
diivan
le vase
vaas
la télécommande
kaugjuhtimispult

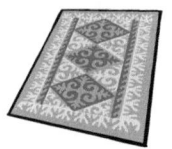

le tapis

vaip

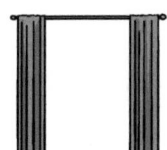

le rideau

kardin

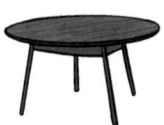

la table

laud

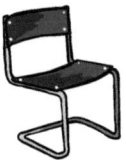

la chaise

tool

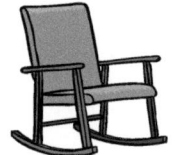

la chaise à bascule

kiiktool

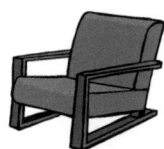

le fauteuil

tugitool

le livre

raamat

la couverture

tekk

la décoration

kaunistus

le bois de chauffage

küttepuud

le film

film

la chaîne hi-fi

helisüsteem

la clé

võti

le journal

ajaleht

la peinture

maal

le poster

plakat

la radio

raadio

le bloc-notes

märkmik

l'aspirateur

tolmuimeja

le cactus

kaktus

la bougie

küünal

la cuisine
köök

le réfrigérateur
külmik
le four à micro-ondes
mikrolaineahi
la balance de cuisine
köögikaal
le grille-pain
röster
le détergent
pesuvahend
le four
ahi
le compartiment congélateur
sügavkülmik
la poubelle
prügikast
le lave-vaisselle
nõudepesumasin

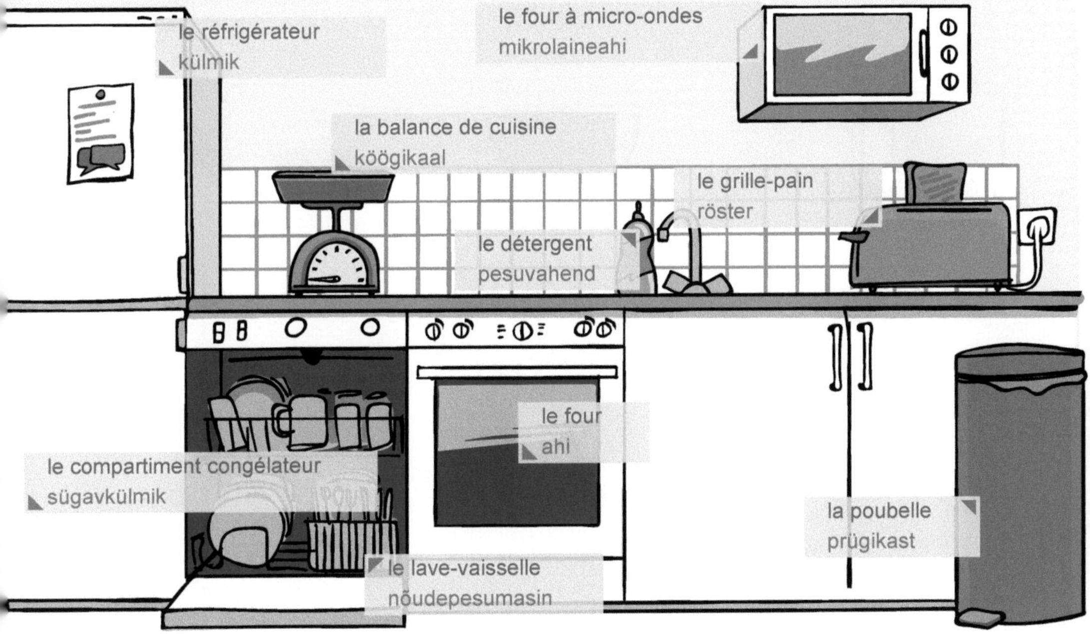

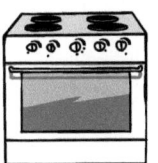

le four

pliit

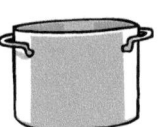

la casserole

pott

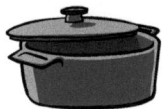

la marmite

malmpott

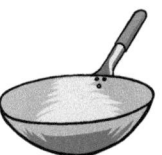

le wok / kadai

vokkpann

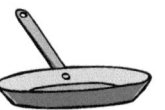

la poêle

pann

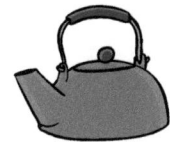

la bouilloire electrique

veekeetja

le cuiseur vapeur

aurutaja

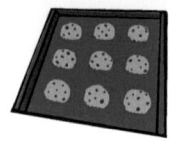

la plaque de cuisson

küpsetusplaat

la vaisselle

lauanõud

le gobelet

kruus

la coupe

kauss

les baguettes

söögipulgad

la louche

kulp

la spatule

pannilabidas

le fouet

vispel

la passoire

kurn

le tamis

sõel

la râpe

riiv

le mortier

uhmer

le barbecue

grill

la cheminée

lahtine tuli

la planche à découper

lõikelaud

le rouleau à pâtisserie

tainarull

le tire-bouchon

korgitser

la boîte

konservipurk

l'ouvre-boîte

konserviavaja

les maniques

pajakinnas

le lavabo

kraanikauss

la brosse

hari

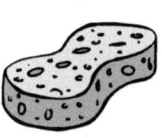

l'éponge

pesukäsn

le mixeur

kannmikser

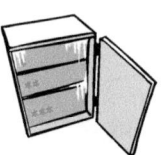

le congélateur

sügavkülmuti

le biberon

lutipudel

le robinet

segisti

la cuisine - köök

la salle de bain

vannituba

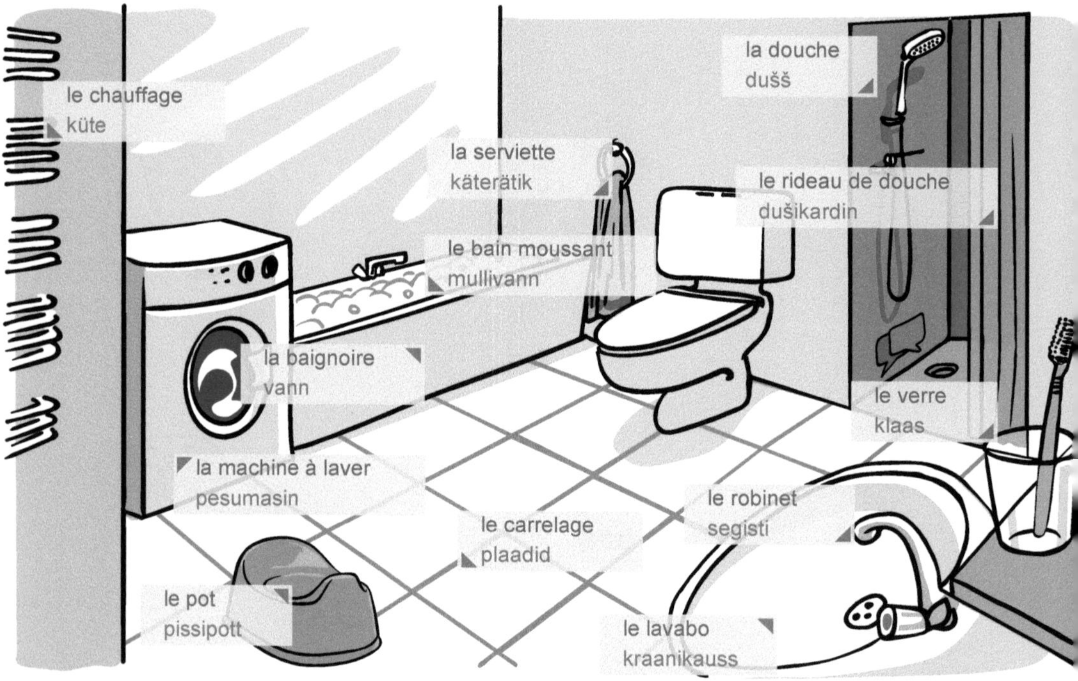

le chauffage
küte
la douche
dušš
la serviette
käterätik
le rideau de douche
dušikardin
le bain moussant
mullivann
la baignoire
vann
le verre
klaas
la machine à laver
pesumasin
le robinet
segisti
le carrelage
plaadid
le pot
pissipott
le lavabo
kraanikauss

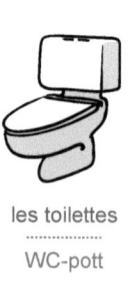

les toilettes

WC-pott

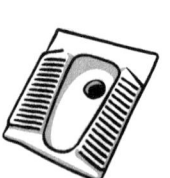

la toilette à la turque

kükitamistualett

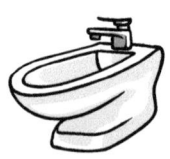

le bidet

bidee

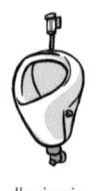

l'urinoir

pissuaar

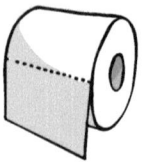

le papier toilette

tualettpaber

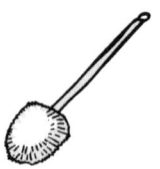

la brosse à toilette

WC-hari

la brosse à dents

hambahari

le dentifrice

hambapasta

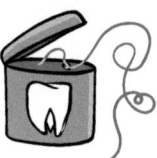

le fil dentaire

hambaniit

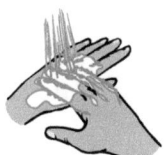

laver

pesema

la douche manuelle

käsidušš

la douche intime

intiimdušš

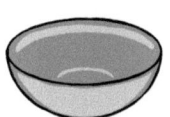

la vasque

pesukauss

la brosse dorsale

seljahari

le savon

seep

le gel douche

dušigeel

le shampooing

šampoon

le gant de toilette

vamm

l'écoulement

äravool

la crème

kreem

le déodorant

deodorant

le miroir

peegel

le miroir cosmétique

käsipeegel

le rasoir

habemenuga

la mousse à raser

raseerimisvaht

l'après-rasage

habemevesi

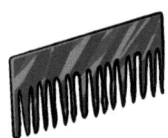

la peigne

kamm

la brosse

hari

le sèche-cheveux

föön

la laque pour cheveux

juukselakk

le fond de teint

meigikomplekt

le rouge à lèvres

huulepulk

le vernis à ongles

küünelakk

l'ouate

vatt

le coupe-ongles

küünekäärid

le parfum

parfüüm

la trousse de toilette

tualett-tarvete kott

le tabouret

taburet

le pèse-personne

kaal

le peignoir

hommikumantel

les gants de nettoyage

kummikindad

le tampon

tampoon

les serviettes hygiéniques

hügieeniside

la toilette chimique

keemiline tualett

la chambre d'enfant
lastetuba

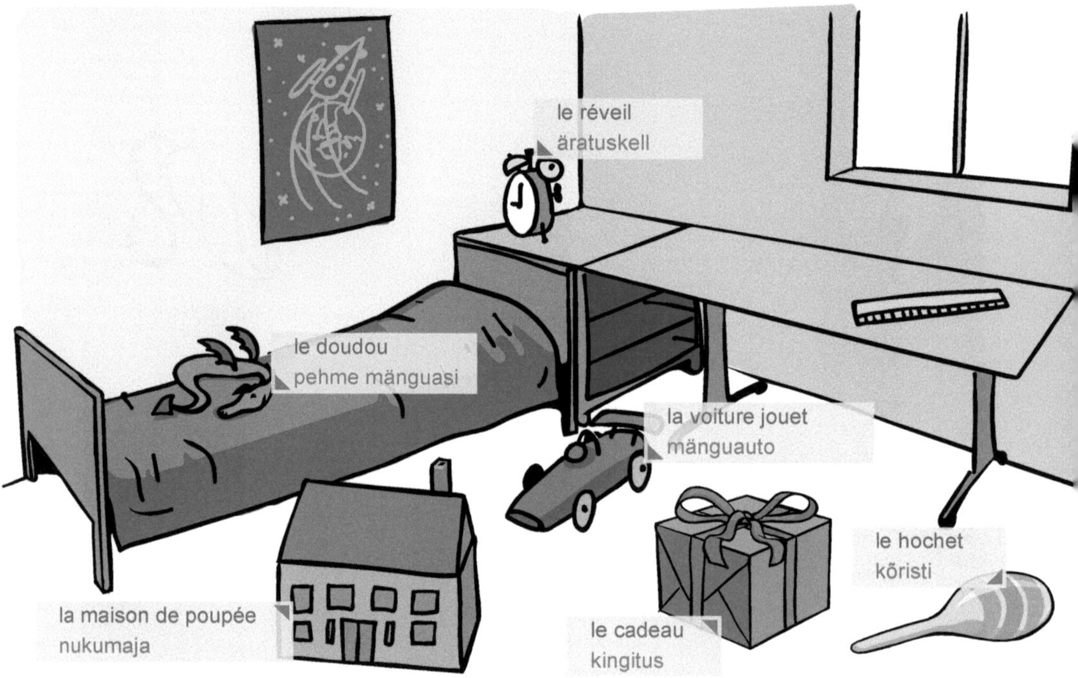
le réveil
äratuskell
le doudou
pehme mänguasi
la voiture jouet
mänguauto
le hochet
kõristi
la maison de poupée
nukumaja
le cadeau
kingitus

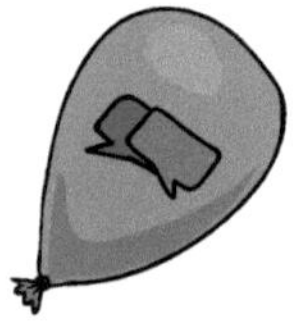

le ballon
õhupall

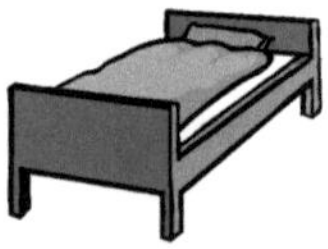
le lit
voodi

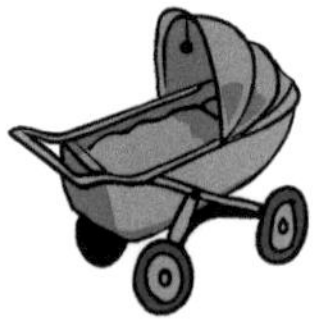
la poussette
lapsevanker

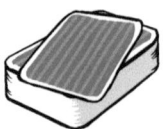

le jeu de cartes
kaardipakk

le puzzle
pusle

SUPER
MEGA
la bande dessinée
koomiks

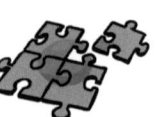

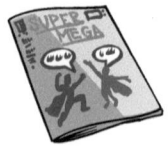

les pièces lego

Lego klotsid

les blocs de construction

klotsid

la figurine

kujuke

la grenouillère

siputuspüksid

le frisbee

lendav taldrik

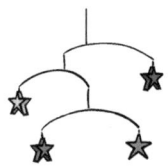

le mobile

voodikarussell

le jeu de société

lauamäng

le dé

täringud

le train miniature

mudelrong

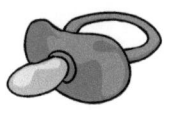

la sucette

lutt

la fête

pidu

le livre d'images

pildiraamat

la balle

pall

la poupée

nukk

jouer

mängima

le bac à sable

liivakast

la balançoire

kiik

les jouets

mänguasjad

la console de jeu

mängukonsool

le tricycle

kolmerattaline jalgratas

l'ours en peluche

mängukaru

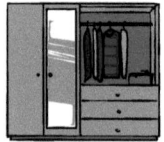

l'armoire

riidekapp

les vêtements

riietus

les chaussettes

sokid

les bas

sukad

le collant

sukkpüksid

l'écharpe
sall

le parapluie
vihmavari

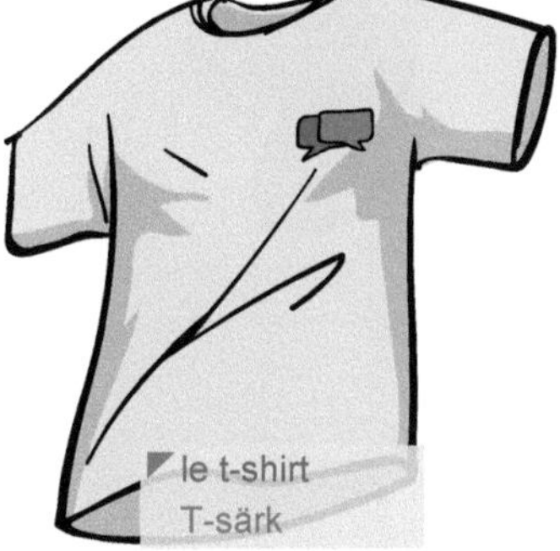

le t-shirt
T-särk

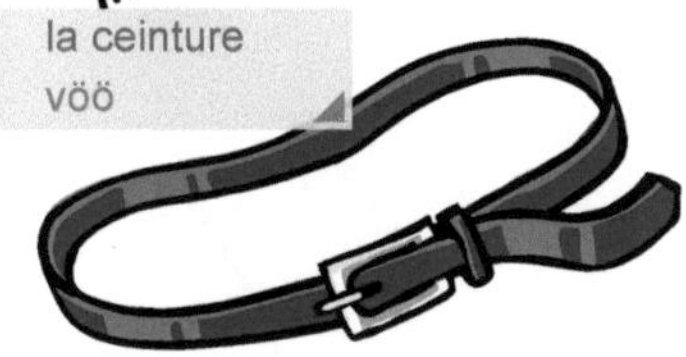

la ceinture
vöö

les baskets
tossud

les bottes
saapad

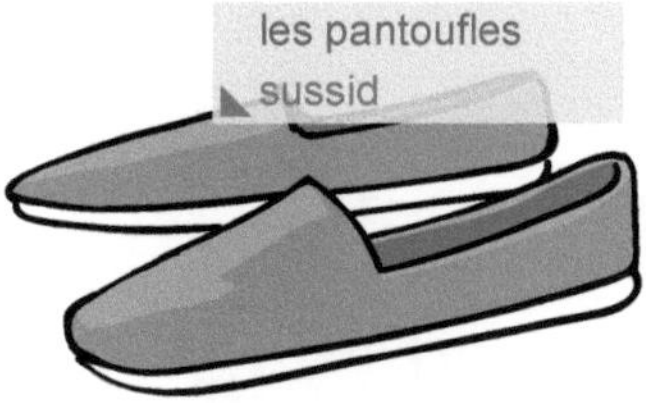

les pantoufles
sussid

les sandales
....
sandaalid

les chaussures
....
jalatsid

les bottes de caoutchouc
....
kummikud

les sous-vêtements
....
aluspüksid

le soutien-gorge
....
rinnahoidja

le maillot de corps
....
vest

les vêtements - riietus

le body

bodi

le pantalon

püksid

le jean

teksapüksid

la jupe

seelik

le chemisier

pluus

la chemise

särk

le pull

sviiter

le sweat à capuche

dressipluus

la veste

bleiser

la veste

jakk

le manteau

mantel

l'imperméable

vihmamantel

le costume

kostüüm

la robe

kleit

la robe de mariée

pulmakleit

le costume
ülikond

la chemise de nuit
öösärk

le pyjama
pidžaama

le sari
sari

le foulard
pearätt

le turban
turban

la burqa
burka

le caftan
kaftan

l'abaya
abayah

le maillot de bain
ujumistrikoo

le maillot de bain
ujumispüksid

le short
lühikesed püksid

la tenue d'entraînement
dressid

le tablier
põll

les gants
kindad

le bouton

nööp

les lunettes

prillid

le bracelet

käevõru

le collier

kaelakee

la bague

sõrmus

la boucle d'oreille

kõrvarõngas

le bonnet

nokamüts

le cintre

riidepuu

le chapeau

kaabu

la cravate

lips

la fermeture éclair

tõmblukk

le casque

kiiver

les bretelles

traksid

l'uniforme scolaire

koolivorm

l'uniforme

vormirõivad

les vêtements - riietus

le bavoir

pudipõll

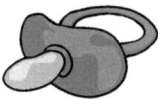

la sucette

lutt

la lange

mähe

le bureau
kontor

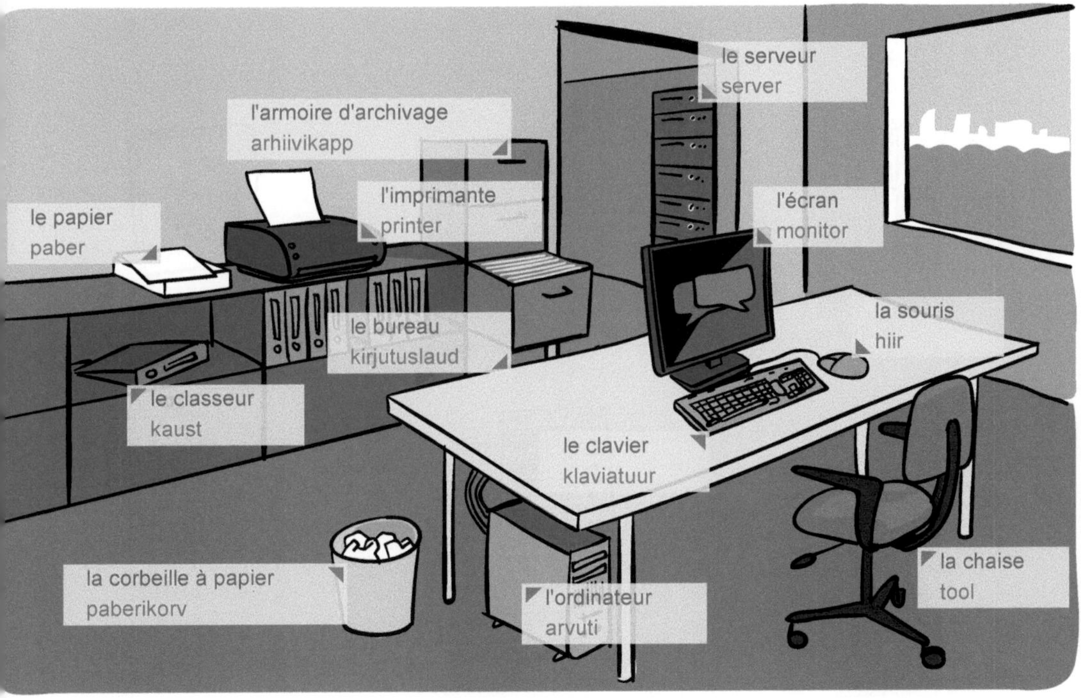

le serveur
server

l'armoire d'archivage
arhiivikapp

l'imprimante
printer

l'écran
monitor

le papier
paber

la souris
hiir

le bureau
kirjutuslaud

le classeur
kaust

le clavier
klaviatuur

la corbeille à papier
paberikorv

la chaise
tool

l'ordinateur
arvuti

la tasse de café

kohvikruus

la calculatrice

kalkulaator

l'internet

internet

l'ordinateur portable
sülearvuti

la lettre
kiri

le message
sõnum

le portable
mobiiltelefon

le réseau
võrk

la photocopieuse
koopiamasin

le logiciel
tarkvara

le téléphone
telefon

la prise
pistikupesa

le fax
faksimasin

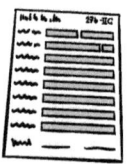

le formulaire
vorm

le document
dokument

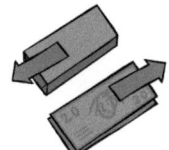

acheter

ostma

payer

maksma

faire du commerce

vahetama

la monnaie

raha

le dollar

dollar

l'euro

euro

le yen

jeen

le rouble

rubla

le franc suisse

Šveitsi frank

le renminbi yuan

renminbi jüaan

la roupie

ruupia

le distributeur automatique

sularahaautomaat

le bureau de change

valuutavahetuspunkt

l'or

kuld

l'argent

hõbe

le pétrole

nafta

l'énergie

energia

le prix

hind

le contrat

leping

la taxe

maks

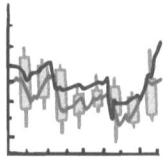

l'action

aktsia

travailler

töötama

l'employé

töötaja

l'employeur

tööandja

l'usine

tehas

le magasin

kauplus

l'économie - majandus

les professions
ametid

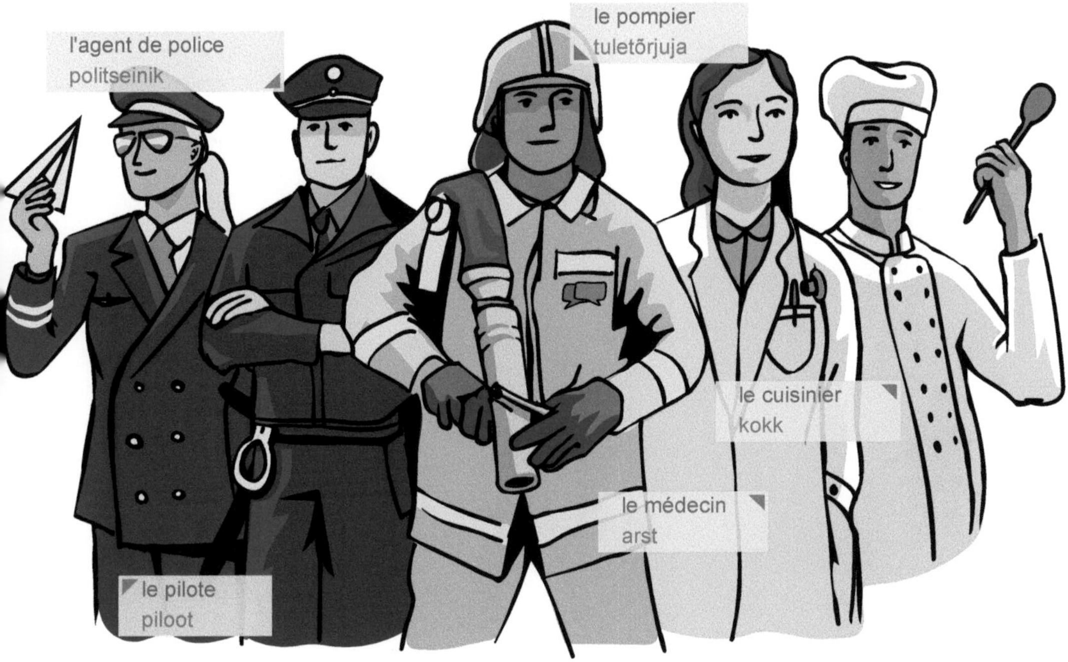
l'agent de police
politseinik
le pompier
tuletõrjuja
le cuisinier
kokk
le médecin
arst
le pilote
piloot

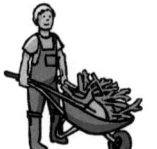

le jardinier

aednik

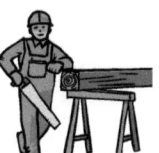

le menuisier

puusepp

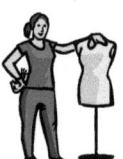

la couturière

õmbleja

le juge

kohtunik

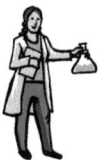

le chimiste

keemik

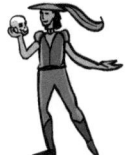

l'acteur

näitleja

le conducteur de bus

bussijuht

le chauffeur de taxi

taksojuht

le pêcheur

kalamees

la femme de ménage

koristaja

le couvreur

katusepaigaldaja

le serveur

kelner

le chasseur

jahimees

le peintre

maaler

le boulanger

pagar

l'électricien

elektrik

l'ouvrier

ehitaja

l'ingénieur

insener

le boucher

lihunik

le plombier

torumees

le facteur

postiljon

le soldat
sõdur

l'architecte
arhitekt

le caissier
kassapidaja

le fleuriste
lillemüüja

le coiffeur
juuksur

le contrôleur
piletikontrolör

le mécanicien
mehaanik

le capitaine
kapten

le dentiste
hambaarst

le scientifique
teadlane

le rabbin
rabi

l'imam
imaam

le moine
munk

le prêtre
preester

les outils
tööriistad

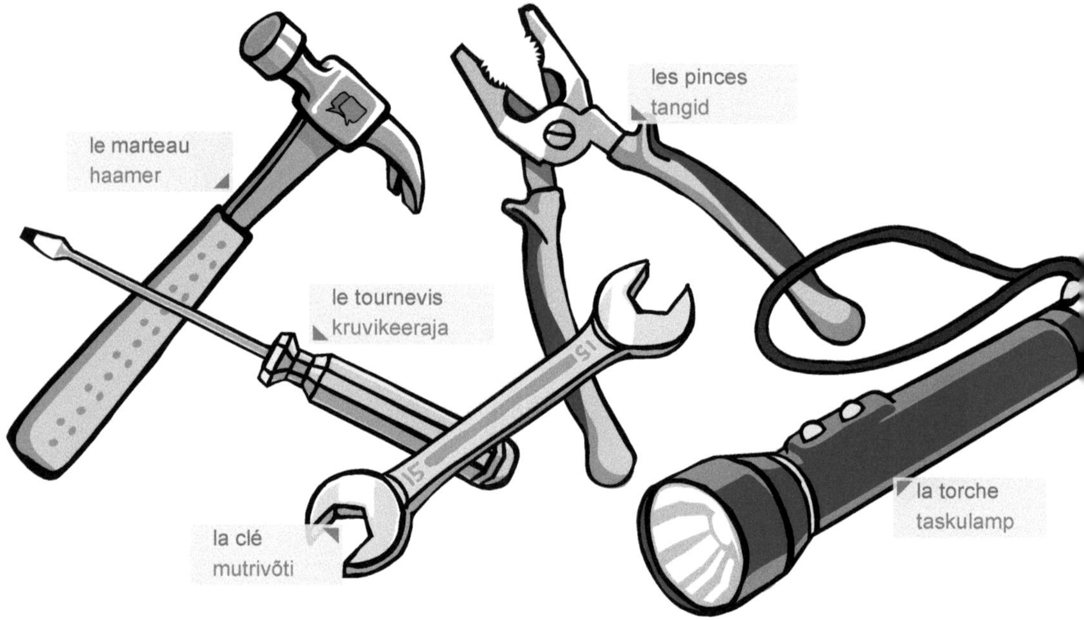
le marteau
haamer
les pinces
tangid
le tournevis
kruvikeeraja
la torche
taskulamp
la clé
mutrivõti

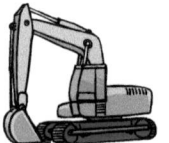

la pelleteuse

ekskavaator

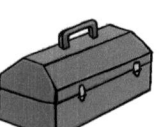

la boîte à outils

tööriistakast

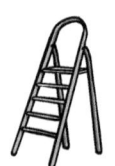

l'échelle

redel

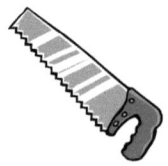

la scie

saag

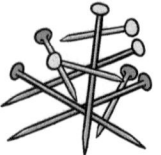

les clous

naelad

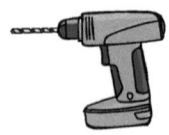

la perceuse

trell

réparer
....
parandama

la pelle
....
labidas

Mince !
....
Põrgusse!

la pelle
....
kühvel

le pot de peinture
....
värvipott

les vis
....
kruvid

les instruments de musique
pillid

la batterie
trummikomplekt

le haut-parleurs
kõlar

la guitare
kitarr

la contrebasse
kontrabass

la trompette
trompet

le piano

klaver

le violon

viiul

la basse

bass

les timbales

timpan

le tambour

trummid

le piano électrique

süntesaator

le saxophone

saksofon

la flûte

flööt

le microphone

mikrofon

le zoo
loomaaed

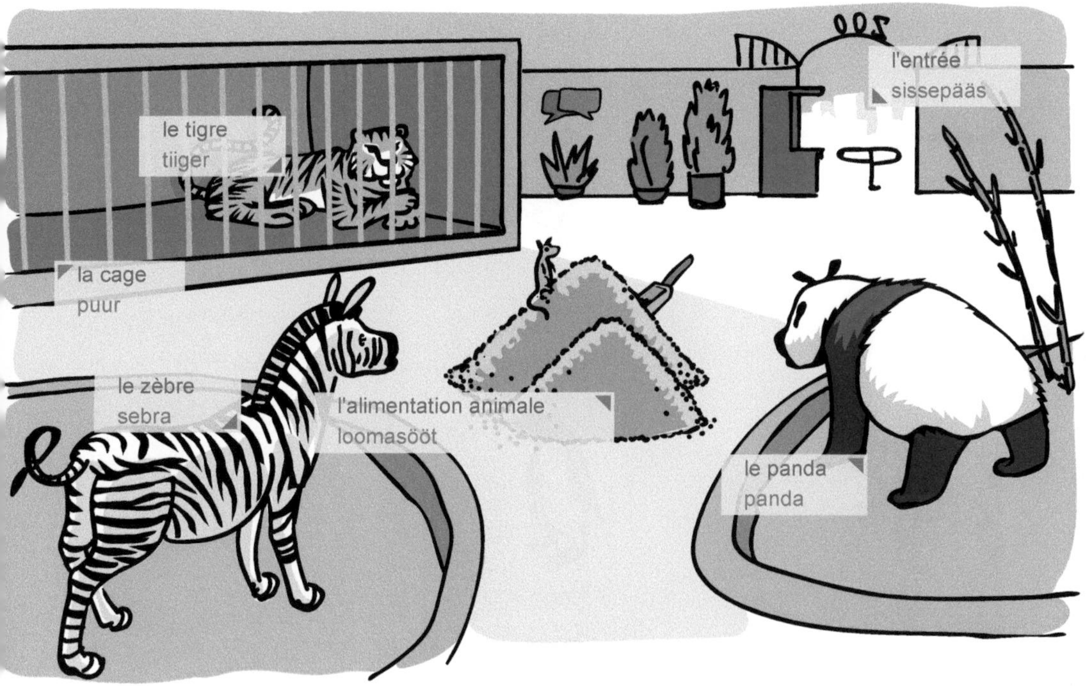

le tigre
tiiger
l'entrée
sissepääs
la cage
puur
le zèbre
sebra
l'alimentation animale
loomasööt
le panda
panda

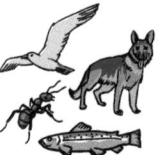

les animaux
loomad

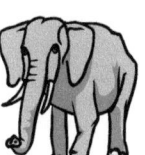

l'éléphant
elevant

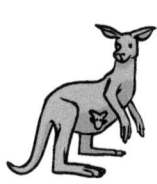

le kangourou
känguru

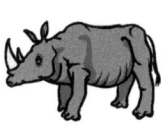

le rhinocéros
ninasarvik

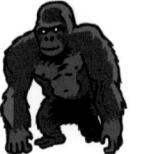

le gorille
gorilla

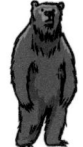

l'ours
karu

le chameau

kaamel

l'autruche

jaanalind

le lion

lõvi

le singe

ahv

le flamand rose

flamingo

le perroquet

papagoi

l'ours polaire

jääkaru

le pingouin

pingviin

le requin

hai

le paon

paabulind

le serpent

madu

le crocodile

krokodill

le gardien de zoo

loomaaiatalitaja

le phoque

hüljes

le jaguar

jaaguar

le poney

poni

le léopard

leopard

l'hippopotame

jõehobu

la girafe

kaelkirjak

l'aigle

kotkas

le sanglier

metssiga

le poisson

kala

la tortue

kilpkonn

le morse

morsk

le renard

rebane

la gazelle

gasell

l'american Football
Ameerika jalgpall

le cyclisme
jalgrattasõit

le tennis
tennis

le basket-ball
korvpall

la natation
ujumine

le hockey sur glace
jäähoki

la boxe
poksimine

le football

jalgpall

le badminton

sulgpall

l'athlétisme

kergejõustik

le handball

käsipall

le ski

suusatamine

le polo

polo

les activités
tegevused

rire
naerma
sauter
hüppama
embrasser
kallistama
marcher
jalutama
chanter
laulma
rêver
unistama
prier
palvetama
faire la bise
suudlema

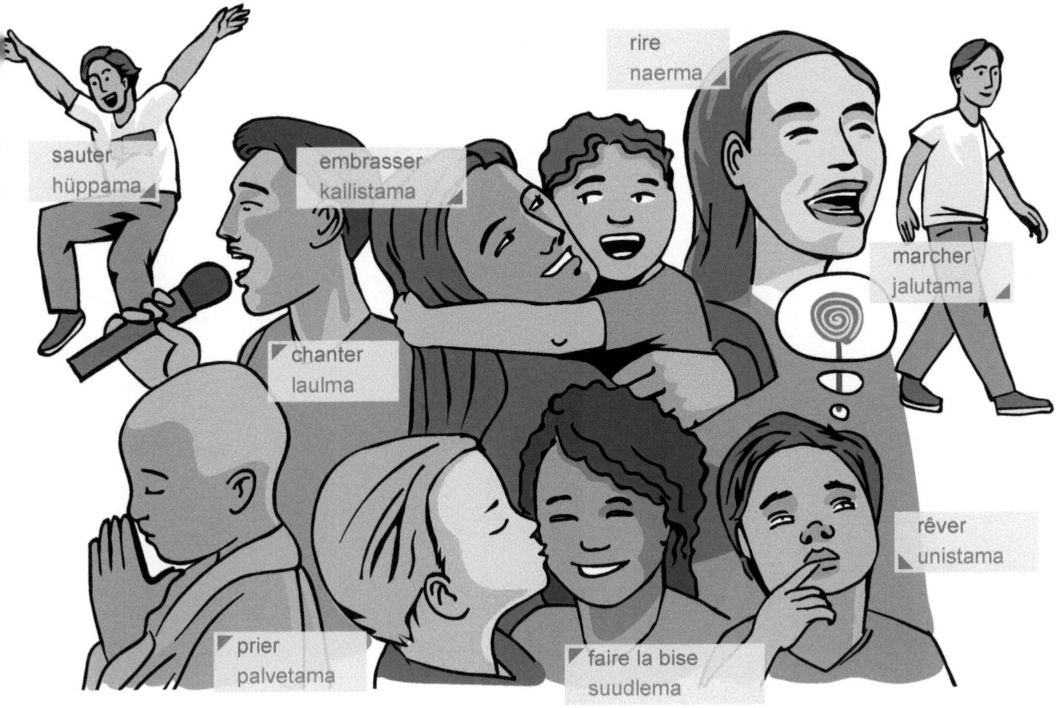

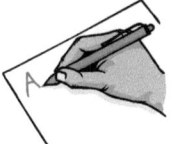

écrire
kirjutama

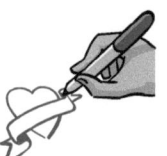

dessiner
joonistama

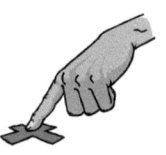

montrer
näitama

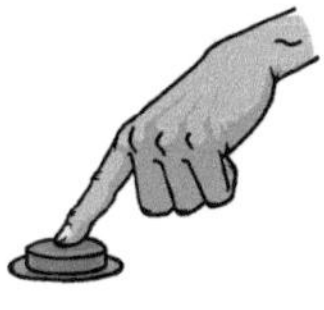

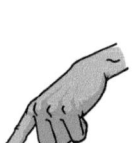

pousser
lükkama

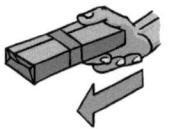

donner
andma

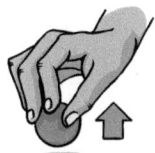

prendre
võtma

avoir

omama

faire

tegema

être

olema

être debout

seisma

courir

jooksma

trier

tõmbama

jeter

viskama

tomber

kukkuma

être couché

lamama

attendre

ootama

porter

kandma

être assis

istuma

s'habiller

riidesse panema

dormir

magama

se réveiller

ärkama

regarder

vaatama

pleurer

nutma

caresser

paitama

peigner

kammima

parler

rääkima

comprendre

aru saama

demander

küsima

écouter

kuulama

boire

jooma

manger

sööma

ranger

korrastama

aimer

armastama

cuire

süüa tegema

conduire

sõitma

voler

lendama

faire de la voile

purjetama

calculer

arvutama

lire

lugema

apprendre

õppima

travailler

töötama

se marier

abielluma

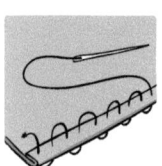

coudre

õmblema

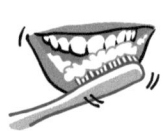

brosser les dents

hambaid pesema

tuer

tapma

fumer

suitsetama

envoyer

saatma

la grand-mère
vanaema

le grand-père
vanaisa

le père
isa

la mère
ema

le bébé
imik

la fille
tütar

le fils
poeg

l'hôte

külaline

la tante

tädi

l'oncle

onu

le frère

vend

la sœur

õde

le corps
keha

le front
otsmik
l'œil
silm
l'épaule
õlg
le doigt
sõrm
le visage
nägu
le menton
lõug
la main
käsi
la jambe
jalg
la poitrine
rind
le bras
käsivars

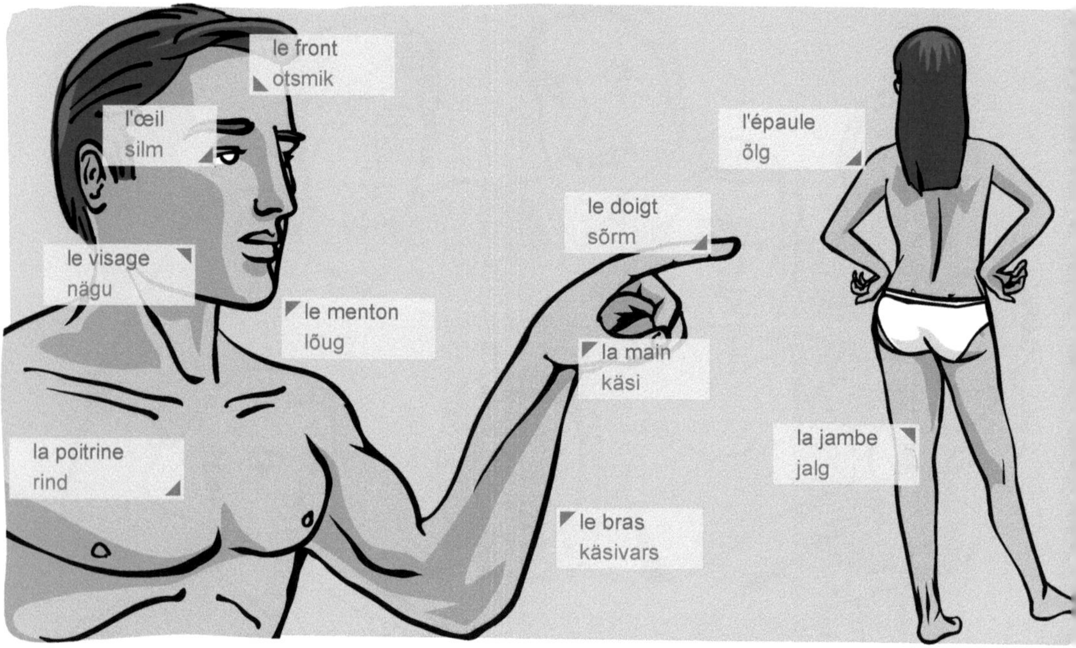

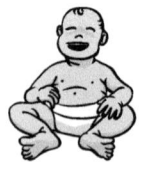

le bébé
imik

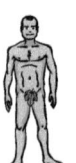

l'homme
mees

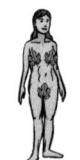

la femme
naine

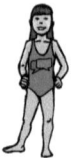

la fille
tüdruk

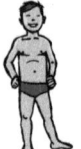

le garçon
poiss

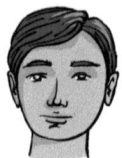

la tête
pea

le dos

selg

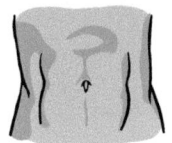

le ventre

kõht

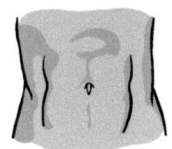

le nombril

naba

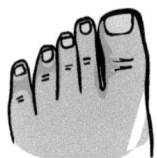

l'orteil

varvas

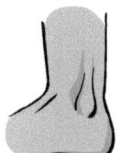

le talon

kand

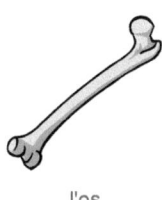

l'os

luu

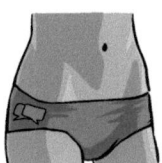

la hanche

puus

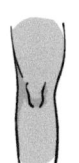

le genou

põlv

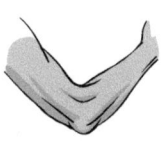

le coude

küünarnukk

le nez

nina

les fesses

tagumik

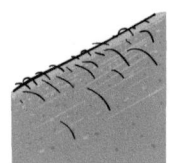

la peau

nahk

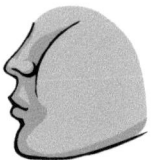

la joue

põsk

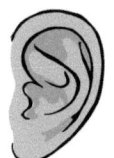

l'oreille

kõrv

la lèvre

huuled

la bouche
....
suu

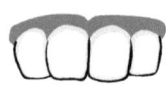

la dent
....
hammas

la langue
....
keel

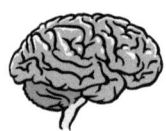

le cerveau
....
aju

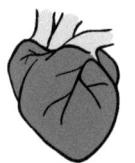

le cœur
....
süda

le muscle
....
lihas

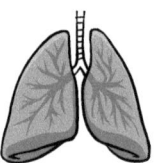

les poumons
....
kops

le foie
....
maks

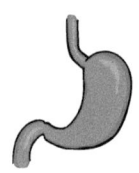

l'estomac
....
magu

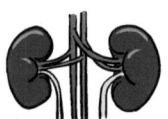

les reins
....
neerud

le rapport sexuel
....
seksuaalvahekord

le préservatif
....
kondoom

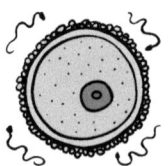

l'ovule
....
munarakk

le sperme
....
sperma

la grossesse
....
rasedus

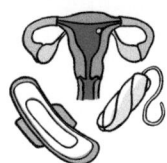

la menstruation

menstruatsioon

le vagin

vagiina

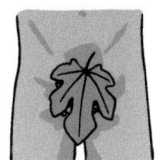

le pénis

peenis

le sourcil

kulm

les cheveux

juuksed

le cou

kael

l'hôpital
haigla

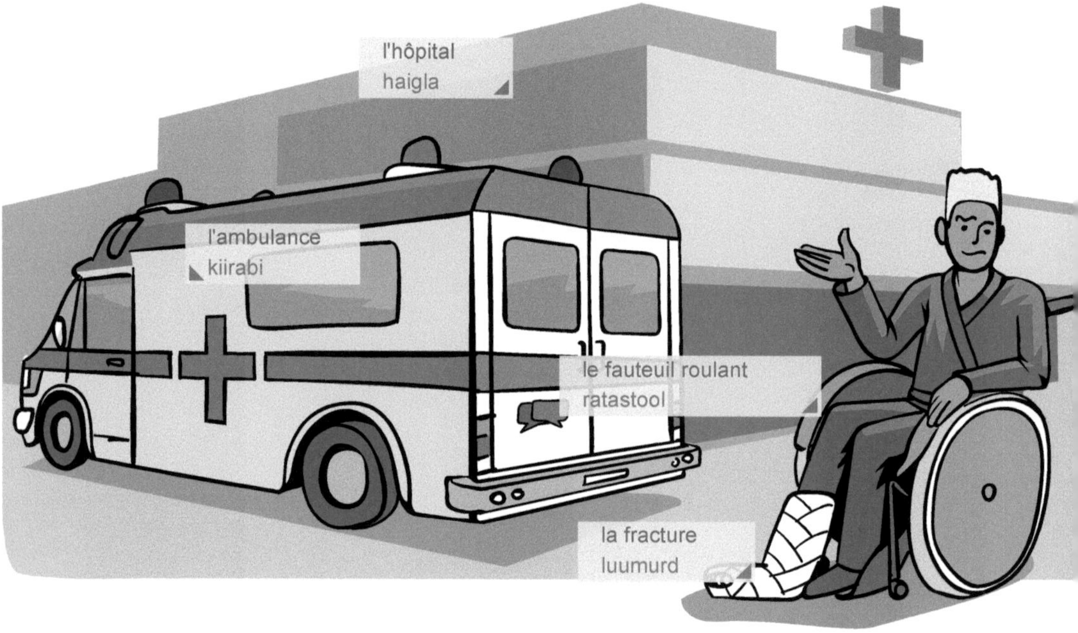

l'hôpital
haigla
l'ambulance
kiirabi
le fauteuil roulant
ratastool
la fracture
luumurd

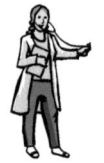

le médecin

arst

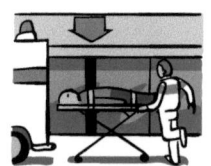

le service des urgences

traumapunkt

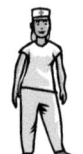

l'infirmière

meditsiiniõde

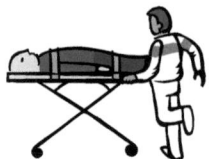

l'urgence

hädaolukord

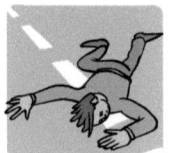

inconscient

teadvuseta

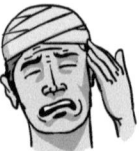

la douleur

valu

la blessure

vigastus

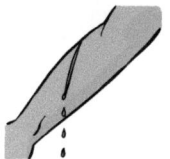

l'hémorragie

verejooks

la crise cardiaque

südamerabandus

l'attaque cérébrale

insult

l'allergie

allergia

la toux

köha

la fièvre

palavik

la grippe

gripp

la diarrhée

kõhulahtisus

le mal de tête

peavalu

le cancer

vähk

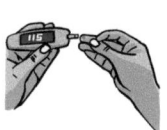

le diabète

diabeet

le chirurgien

kirurg

le scalpel

skalpell

l'opération

operatsioon

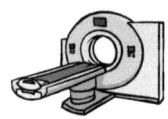

le CT

KT

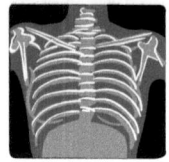

la radiographie

röntgen

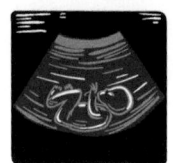

l'échographie

ultraheli

le masque

mask

la maladie

haigus

la salle d'attente

ooteruum

la béquille

kark

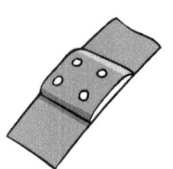

le pansement

kips

le pansement

side

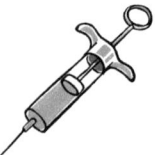

l'injection

süst

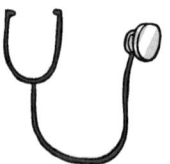

le stéthoscope

stetoskoop

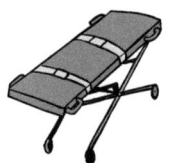

le brancard

kanderaam

le thermomètre

kraadiklaas

l'accouchement

sünd

la surcharge pondérale

ülekaaluline

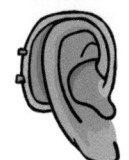

l'appareil auditif

kuuldeaparaat

le désinfectant

desinfektsioonivahend

l'infection

põletik

le virus

viirus

le VIH / le sida

HIV / AIDS

le médicament

meditsiin

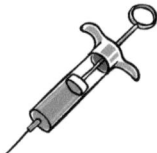

la vaccination

vaktsineerimine

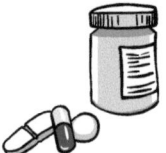

les comprimés

tabletid

la pilule

pill

l'appel d'urgence

hädaabikõne

le tensiomètre

vererõhuaparaat

malade / sain

haige / terve

Au secours !

Appi!

l'alarme

häire

l'assaut

kallaletung

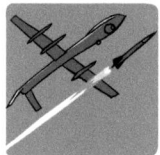

l'attaque

rünnak

le danger

oht

la sortie de secours

avariiväljapääs

Au feu!

Tulekahju!

l'extincteur

tulekustuti

l'accident

õnnetus

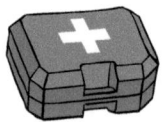

la trousse de premier
secours

esmaabikomplekt

SOS

SOS

la police

politsei

l'Europe

Euroopa

l'Amérique du Nord

Põhja-Ameerika

l'Amérique du Sud

Lõuna-Ameerika

l'Afrique

Aafrika

l'Asie

Aasia

l'Australie

Austraalia

l'Océan atlantique

Atlandi ookean

l'Océan pacifique

Vaikne ookean

l'Océan indien

India ookean

l'Océan antarctique

Lõuna-Jäämeri

l'Océan arctique

Põhja-Jäämeri

le Pôle nord

põhjapoolus

le Pôle sud

lõunapoolus

l'Antarctique

Antarktika

la terre

Maa

le pays

maismaa

la mer

meri

l'île

saar

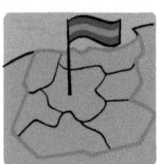

la nation

rahvus

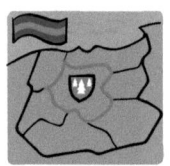

l'état

riik

le cadran

sihverplaat

l'aiguille des heures

tunniosuti

l'aiguille des minutes

minutiosuti

l'aiguille des secondes

sekundiosuti

Quelle heure est-il ?

Mis kell on?

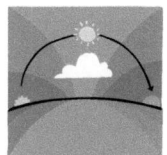

le jour

päev

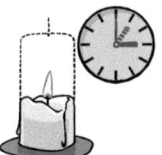

le temps

aeg

maintenant

praegu

la montre digitale

digitaalne kell

la minute

minut

l'heure

tund

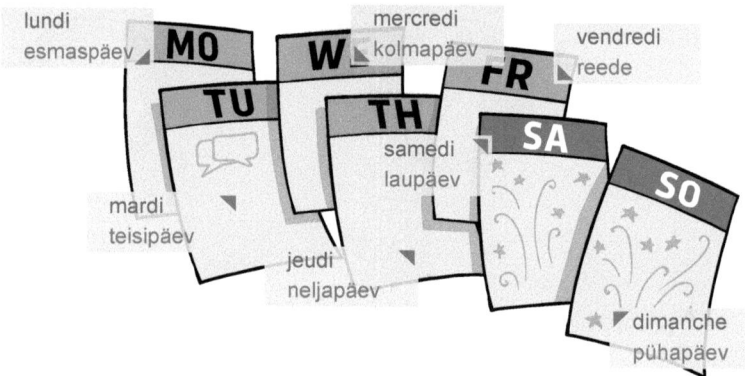

lundi
esmaspäev

mercredi
kolmapäev

vendredi
reede

mardi
teisipäev

samedi
laupäev

jeudi
neljapäev

dimanche
pühapäev

hier
....
eile

aujourd'hui
....
täna

demain
....
homme

le matin
....
hommik

le midi
....
lõuna

le soir
....
õhtu

MO	TU	WE	TH	FR	SA	SU
1	2	3	4	5	6	7
8	9	10	11	12	13	14
15	16	17	18	19	20	21
22	23	24	25	26	27	28
29	30	31	1	2	3	4

les jours ouvrables
....
tööpäevad

MO	TU	WE	TH	FR	SA	SU
1	2	3	4	5	6	7
8	9	10	11	12	13	14
15	16	17	18	19	20	21
22	23	24	25	26	27	28
29	30	31	1	2	3	4

le week-end
....
nädalavahetus

l'année

aasta

la pluie
vihm
l'arc-en-ciel
vikerkaar
la neige
lumi
le vent
tuul
le printemps
kevad
l'automne
sügis
l'été
suvi
l'hiver
talv

4.APRIL 11°
5.APRIL 4°
6.APRIL 13°
7.APRIL 8°
8.APRIL 10°

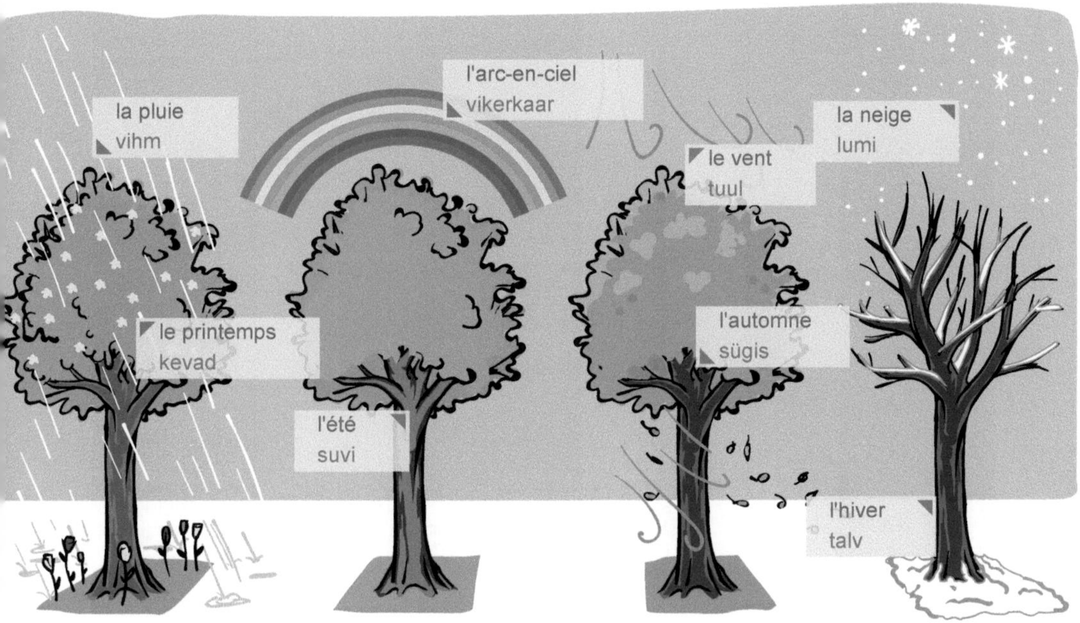

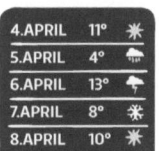

la météo

ilmaennustus

F C
120 40
90 30
60 20
30 10
0 0
-30 -10
-20

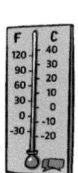

le thermomètre

termomeeter

la lumière du soleil

päikesepaiste

le nuage

pilv

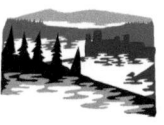

le brouillard

udu

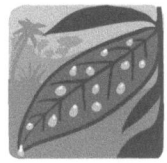

l'humidité

niiskus

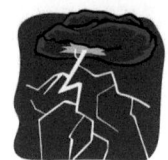

la foudre

pikne

la tonnerre

kõu

la tempête

torm

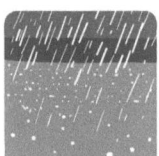

la grêle

rahe

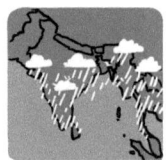

la mousson

mussoon

l'inondation

üleujutus

la glace

jää

janvier

jaanuar

février

veebruar

mars

märts

avril

aprill

mai

mai

juin

juuni

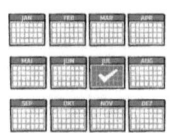

juillet

juuli

août

august

septembre
....
september

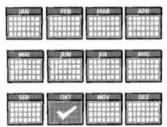

octobre
....
oktoober

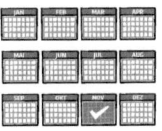

novembre
....
november

décembre
....
detsember

les formes
kujundid

le cercle
....
ring

le carré
....
ruut

le rectangle
....
nelinurk

le triangle
....
kolmnurk

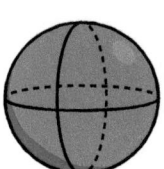

la sphère
....
kera

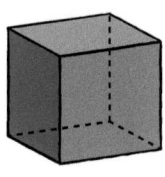

le cube
....
kuup

blanc

valge

jaune

kollane

orange

oranž

rose

roosa

rouge

punane

violet

lilla

bleu

sinine

vert

roheline

marron

pruun

gris

hall

noir

must

beaucoup / peu

palju / vähe

fâché / calme

vihane / rahulik

joli / laid

ilus / inetu

le début / la fin

algus / lõpp

grand / petit

suur / väike

clair / obscure

hele / tume

frère / soeur

vend / õde

propre / sale

puhas / must

complet / incomplet

täielik / puudulik

le jour / la nuit

päev / öö

mort / vivant

surnud / elus

large / étroit

lai / kitsas

comestible / incomestible

söödav / mittesöödav

méchant / gentil

kuri / sõbralik

excité / ennuyé

põnevil / tüdinud

gros / mince

paks / peenike

le premier / le dernier

esimene / viimane

l'ami / l'ennemi

sõber / vaenlane

plein / vide

täis / tühi

dur / souple

kõva / pehme

lourd / léger

raske / kerge

faim / soif

nälg / janu

malade / sain

haige / terve

illégal / légal

ebaseaduslik / seaduslik

intelligent / stupide

tark / rumal

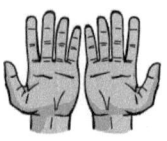

gauche / droite

vasak / parem

proche / loin

lähedal / kaugel

nouveau / usé

uus / kasutatud

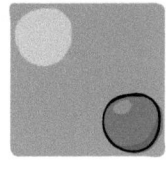

rien / quelque chose

mitte midagi / midagi

vieux / jeune

vana / noor

marche / arrêt

sees / väljas

ouvert / fermé

lahti / kinni

faible / fort

vaikne / vali

riche / pauvre

rikas / vaene

correct / incorrect

õige / vale

rugueux / lisse

kare / sile

triste / heureux

kurb / rõõmus

court / long

lühike / pikk

lent / rapide

aeglane / kiire

mouillé / sec

märg / kuiv

chaud / froid

soe / jahe

la guerre / la paix

sõda / rahu

0

zéro
null

1

un / une
üks

2

deux
kaks

3

trois
kolm

4

quatre
neli

5

cinq
viis

6

six
kuus

7

sept
seitse

8

huit
kaheksa

9

neuf
üheksa

10

dix
kümme

11

onze
üksteist

12

douze

kaksteist

13

treize

kolmteist

14

quatorze

neliteist

15

quinze

viisteist

16

seize

kuusteist

17

dix-sept

seitseteist

18

dix-huit

kaheksateist

19

dix-neuf

üheksateist

20

vingt

kakskümmend

100

cent

sada

1.000

mille

tuhat

1.000.000

le million

miljon

l'anglais

inglise

l'anglais américain

Ameerika inglise

le chinois mandarin

mandariini

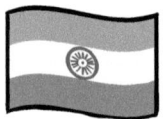

le hindi

hindi

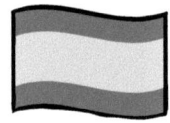

l'espagnol

hispaania

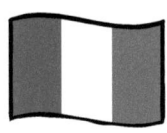

le français

prantsuse

l'arabe

araabia

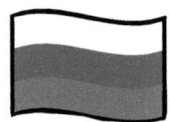

le russe

vene

le portugais

portugali

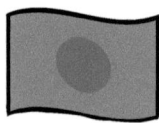

le bengali

bengali

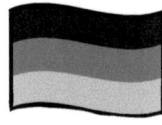

l'allemand

saksa

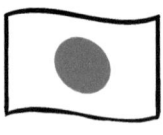

le japonais

jaapani

je
....
mina

tu
....
sina

il / elle / ce, c', cela
....
tema

nous
....
meie

vous
....
teie

ils / elles
....
nemad

Qui ?
....
kes?

Quoi ?
....
mis?

Comment ?
....
kuidas?

Où ?
....
kus?

Quand ?
....
millal?

le nom
....
nimi

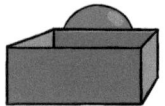

derrière

taga

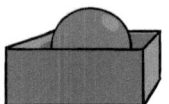

dans

sees

devant

ees

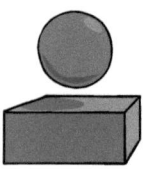

au-dessus

kohal

sur

peal

en-dessous

all

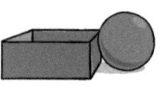

à côté de

kõrval

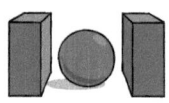

entre

vahel

le lieu

koht